LE P. VALLÉE

DE L'ORDRE DE SAINT-DOMINIQUE

MADAME
LOUISE DE FRANCE

DISCOURS

PRONONCÉ

DANS LA CHAPELLE DU CARMEL DE SAINT-DENIS

POUR LE CENTENAIRE

DE LA

VÉNÉRABLE MÈRE THÉRÈSE DE SAINT-AUGUSTIN

Le 21 décembre 1887

SAINT-CLOUD

IMPRIMERIE Vᵉ EUGÈNE BELIN ET FILS

RUE DE CALVAIRE, Nº 3

1888

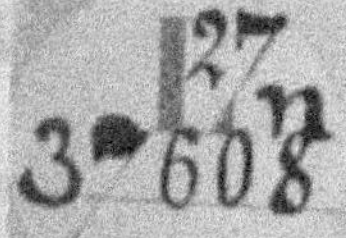

MADAME
LOUISE DE FRANCE

LE P. VALLÉE

DE L'ORDRE DE SAINT-DOMINIQUE

MADAME
LOUISE DE FRANCE

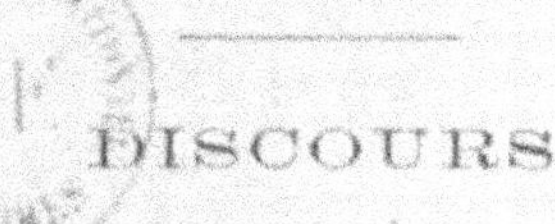

DISCOURS

PRONONCÉ

DANS LA CHAPELLE DU CARMEL DE SAINT-DENIS

POUR LE CENTENAIRE

DE LA

VÉNÉRABLE MÈRE THÉRÈSE DE SAINT-AUGUSTIN

Le 21 décembre 1887

SAINT-CLOUD

IMPRIMERIE Vve EUGÈNE BELIN ET FILS

RUE DU CALVAIRE, N° 3

1888

IMPRIMATUR :

Fr. A. NESPOULOUS,

Pr. Provinc.

Nous sommes réunis pour célébrer le souvenir de la vénérable Mère Thérèse de Saint-Augustin, pour demander à l'Église du Christ des bénédictions plus grandes encore sur sa mémoire. Cependant nous avons déjà le cœur tout joyeux, parce que l'Église, qui ne se trompe pas, qui prononce au nom du Christ Jésus, a déclaré que les vertus pratiquées par Madame Louise de France l'avaient été en un degré héroïque. Je ne vous parlerai pas, mes Frères, de la fille de nos rois; je ne la suivrai pas à la Cour, dans les splendeurs, incomparables encore à ce moment, du trône de France. Je

---

1. Sténographie de M. G. Duployé, rue de Rivoli, 136.

vais la prendre comme Dieu lui-même l'a prise : dès le premier jour, il a voulu en faire une Carmélite, et comme sa providence est une sur nos vies, que, dès le premier instant, son action sur les âmes les prépare, même à leur insu, à comprendre et à suivre la vocation qu'il leur a faite, depuis le commencement jusqu'à la fin, c'est de la Carmélite que j'entends vous parler.

Une Carmélite (je demande pardon aux Sœurs de tout le bien que je pourrai dire des filles de sainte Thérèse : j'y suis forcé par mon sujet), cela suppose, mes Frères, une âme particulièrement haute, parce que cela suppose une âme qui encadre sa vie dans ce que nous fuyons le plus tous et chacun. C'est un être qui, du côté de la terre, ne veut connaître que le sacrifice, et, du côté de Dieu, a toutes les énergies, toutes les ambitions d'âme, toutes les passions profondes qui font les saints.

Quand Dieu veut qu'une âme se con-

sacre entièrement à lui, il la fait grande,
et le premier battement d'ailes, révèle, pro-
phétise déjà ce qu'elle sera plus tard. Madame Louise de France porte le premier
signe des grandes âmes : elle a *aimé* profondément; elle a aimé quiconque l'a
approchée; son père qui fut la grande
passion de sa vie, depuis le jour où, le roi
partant pour aller prendre le comman-
dement de ses armées, l'enfant disait :
« Papa Roi veut donc que nous ne dor-
mions plus », jusqu'à celui où elle se
constituait holocauste vivant pour le sau-
ver; sa mère qu'elle a enveloppée de
tendresse et d'attentions si profondes; les
religieuses qui l'ont élevée à Fontevrault,
pour lesquelles elle a été d'un respect,
d'une délicatesse si exquise, de cette
délicatesse des grands cœurs qui est toujours prête à s'affirmer par le sacrifice.
Un jour, Madame de Soulanges, la religieuse qui s'occupait d'elle, tombe malade... L'enfant, pleine de foi, va droit à
Notre-Seigneur et lui dit : « Seigneur, il

» faut que vous la guérissiez; si vous le
» faites, je m'engage à dire pendant un
» an entier l'office de la Providence. »
C'est peu de chose, en soi, si vous vou-
lez; mais, cependant, ce petit être de
quelques années à peine qui vient ainsi,
afin qu'il soit fait du bien à ceux qui s'oc-
cupent d'elle, s'engager à une obligation
qui pèsera sur elle pendant douze mois
entiers, est-ce que cela ne vous paraît
rien? Est-ce que cela ne vous semble pas
le signe d'un noble cœur? — Et quand
il s'agit des pauvres, de ceux qui souffrent, comme elle leur fut compatissante!
Partout où elle a passé, on l'a appelée
« la bonne Princesse », à Fontevrault
comme à Versailles et comme à Saint-
Denis; peut-être y a-t-il encore, parmi
vous, des foyers où l'on se souvient, de
père en fils, des bienfaits qu'on reçut
d'elle. Elle a donc eu le cœur grand. Elle
a eu quelque chose de plus : elle a eu
des *sincérités* admirables, ces sincérités que
Dieu nous demande à tous, que, certai-

nement, il vous a demandées plus d'une
fois. Mais combien peu savent faire à Dieu
la réponse qu'il attend! Combien man-
quent leur vie parce que, dès le commencement, ils se ferment à ces appels mystérieux, personnels de Dieu vis-à-vis d'eux!
On ne veut pas comprendre! C'est notre
grande misère à tout âge, mes Frères. Oui,
Dieu passe son éternité à jeter certaines
clartés au fond des consciences; et nous,
nous passons notre vie à ne pas vouloir
entendre. Eh bien, les âmes hautes veulent
entendre, et c'est précisément ce qui les
caractérise dès l'abord, et ce qui permet
à l'action de Dieu de devenir si triom-
phante en elles : c'est avec cela qu'on
prépare une âme de Carmélite. Vous savez
ces traits qu'on nous cite de son en-
fance. Elle était vive : nature née pour
l'action, elle avait ses emportements. Nous
nous éveillons tous dans cet héritage
que vous connaissez, avec des égoïsmes
qui menacent, des amours-propres qui
font tapage, et souvent, n'est-il pas vrai,

il y a comme de l'agitation, parfois même
de vraies tempêtes en nos petites âmes
d'enfants. C'est dans un de ces moments-
là qu'une de ses suivantes lui fit un jour
un reproche non mérité. Elle l'accusait
de faire je ne sais quoi. La suivante
souffrait alors d'un œil. L'enfant répondit
durement : « Si vous aviez mis vos deux
yeux, vous auriez bien vu que je ne fai-
sais pas ce que vous me reprochez. » La
femme reprit : « J'ai assez d'un œil,
Madame, pour voir que vous êtes fort
orgueilleuse. » Immédiatement, l'enfant se
recueille, laisse pénétrer ce mot jusqu'au
fond de son âme, se ressaisit sous la vérité qu'il lui apporte, et s'écrie : « Oui,
vous avez raison, c'est par orgueil que je
viens de vous parler. Vous allez me par-
donner, n'est-ce pas? » Une autre fois, dans
un mouvement de colère semblable, à
bout d'arguments, comme ces petits êtres
cabrés qui perdent pied, mais qui ne veulent pas lâcher leur caprice, elle dit vio-
lemment : « Après tout, je suis la fille

de votre roi. » — « Et moi, lui dit la suivante, je suis la fille de votre Dieu. » Immédiatement, sa colère s'apaise, tout son petit cœur se fond de reconnaissance, elle s'approche et dit : « Ah! que vous avez raison, et comme je vous remercie! que Dieu ait pitié de moi! » Quand une âme peut connaître ces sentiments, ces loyautés contre elle-même, on peut bien dire qu'elle est déjà dans la main de Dieu. Or, l'action de Dieu se fait magnifique en ceux qui ont le courage d'être sincères contre eux-mêmes par amour pour Lui. C'est « au centuple » qu'il donne. Aussi quelques années plus tard, à l'âge de onze ans à peine, au moment de la première communion, trouvons-nous Madame Louise avec ces éveils d'âme qui ne sont donnés qu'au petit nombre. Elle a le culte de ce qu'elle appelait des « humilités » réelles. » Elle ne veut pas des demi-vertus, des demi-triomphes contre elle-même. Elle a le culte aussi des sacrifices faits pour autrui. Elle sait et elle a compris

que rapporter tout à soi, c'est mettre, au
fond, de la pauvreté morale dans sa vie;
qu'il n'y a de grandeur vraie qu'à faire
du bien autour de soi, à se faire bon et
cordial pour tous, par conséquent, à faire
du sacrifice, car on n'est bon qu'à ce
prix; ceux qui parlent toujours de leur
cœur et qu'on ne trouve jamais prêts pour
le sacrifice, se font illusion ou essaient de
faire illusion aux autres; ce ne sont pas
des êtres de cœur, ce ne sont pas non
plus de grandes âmes. Hélas! combien peu
connaissent ce goût du sacrifice! Combien
peu se prêtent à cette action de Dieu qui
veut les y appeler! Mais ceux qui sont mar-
qués pour la vocation religieuse doivent
être comme pétris dans le sacrifice. C'est
pour cela que, dès le principe, pendant
que les enfants de leur âge s'en vont à
l'agitation et au mouvement, sans trop
savoir où ils vont, déjà l'esprit de Dieu,
qui est au fond de ces petites natures,
leur a parlé intérieurement, il les force
au silence, à des attentions d'âme que

les autres ne soupçonnent pas, et peu à
peu, il les amène à cette discipline vaillante, incessante du sacrifice compris enfin
et voulu.

Pour soutenir ces assises de l'âme qui
sera toute à lui, Dieu fait un autre don
qui achève les préparations mystérieuses
à son action; un don qui porte tous les
autres, le don de prière. Nous trouvons,
dès Fontevrault, Madame Louise, petite
enfant, passant de longs moments à
l'église. Plus les offices se prolongent,
et plus elle est heureuse, et ce n'est pas
parce qu'il y a des chants et des signes
extérieurs de fête plus ou moins variés,
c'est parce que son âme est prise par le
Maître divin qui est là, au tabernacle.
Elle se sent toute remuée. Elle ne sait
pas bien encore ce que Dieu lui demande, mais la vie est là; elle se sent
chaque jour emportée plus puissamment
du côté de Dieu; elle se plaît à ce
mouvement, elle le veut; et ses progrès
furent tels, le sens des choses divines

la pénétra peu à peu si complètement qu'au jour de sa première communion, sous la bénédiction qui venait de lui être faite, elle eut, à n'en pouvoir douter, le pressentiment de ce que Dieu voulait d'elle, elle eut l'intuition qu'il la voulait tout entière à lui. Ah! sans doute, elle est de notre race, elle fera comme nous faisons tous; elle tremblera d'abord sous la grâce qui la visite, j'allais dire qui la menace; elle connaîtra ce frisson d'angoisse que le sacrifice total nous apporte tout d'abord, mais il lui sera impossible de douter de sa défaite définitive. On peut essayer de ne pas entendre, mais, tout en détournant, il semble, le regard, déjà on sent bien qu'on est vaincu; on sent bien que Dieu aura le dernier mot; on sent bien qu'à un moment donné, corps et âme, cœur et pensée, il faudra que tout lui soit donné et que tout vive par Lui.

*
* *
*

A l'âge de quatorze ans, elle quitte
Fontevrault et elle revient à la Cour. Au
fond de l'âme, je viens de vous le dire,
elle est convaincue qu'il faudra qu'elle
soit religieuse; mais où sera-t-elle religieuse? Sa santé est chétive. Tout à
l'heure des crachements de sang vont
commencer, et ils dureront jusqu'à son
entrée au Carmel. Pendant dix-huit ans,
ce sera l'inquiétude mortelle de sa mère
à son sujet. Elle n'ose pas regarder du
côté de ces cloîtres où tout parle si
âprement au corps d'austérité. Elle s'ar-
rête un instant à l'idée qu'elle sera religieuse de la Visitation. Mais c'est là
comme une pensée vague qui flotte sur
son âme sans qu'il y ait rien de bien
précisé ni de bien arrêté encore. C'est à
la Cour même, en pleines séductions

mondaines qu'elle va connaître où Dieu
la veut. Ni les fêtes, ni les ivresses
folles de ceux qui l'entourent, rien ne lui
masque ce qui va devenir sa grande douleur. Elle voit qu'il y a en l'âme de
celui qu'elle ne veut pas et ne peut pas
juger des choses que Dieu ne peut bénir,
et qu'il faut que *l'expiation* intervienne.
C'est fini, à partir de ce moment; la
dernière touche de la grâce divine a été
reçue en plein cœur. « Moi Carmélite, et
le roi tout à Dieu! » s'écrie-t-elle; ce
sera désormais son cri de ralliement pour
entraîner son âme à la prière et au sacrifice jusqu'à l'heure des miséricordes su-
prêmes sur ce père qu'elle aime tant.
De temps en temps, sa mère, sa mère
qu'elle vénère pour tout ce qu'elle sait
d'elle, et pour toutes les douleurs qu'elle
pressent, sa mère va s'enfermer au Carmel
de Compiègne. Une cellule lui a été ré-
servée; elle y entre le matin, n'en sort que
le soir, ayant assisté à tous les exercices
de la journée, méditations, offices, tra-

vaux, récréations ; et, le soir, elle rentre
près de ses filles, tout émue de ce qu'elle
a vu, apaisée et fortifiée elle-même contre
tout ce qui brise sa vie, et elle parle à
ses enfants de ce bonheur étrange des
filles de sainte Thérèse, de cette paix
rayonnante en plein sacrifice ; et, parmi
ses filles, il en est une dont le cœur
tressaille en l'entendant, une dont la
pensée habite assez haut pour comprendre
comment, en effet, en plein sacrifice, on
peut être heureuse, comment même on
ne peut être heureuse que là. Si bien
qu'à un moment donné, la reine, suivant
du regard sa fille Louise, vient à pro-
noncer sur elle ce mot profond : « Louise,
» je ne l'aime pas seulement, je la res-
» pecte. » Et aux Carmélites elle dit :
« Évidemment, tôt ou tard, Louise entrera
» parmi vous. Mais que deviendra-t-elle
» avec sa santé ? » — Mes frères, c'est
le secret de Dieu, cela. Quand Dieu nous
assigne une œuvre à faire, il s'engage par
cela même à nous permettre d'y suffire.

Elle avait trahi son secret dès la première année de son retour à Versailles. Sortant un jour du Carmel de la rue de Grenelle où la prise d'habit de la comtesse de Rupelmonde venait d'avoir lieu, on l'avait entendue s'écrier : « Voilà du courage, voilà comment on ravit le Ciel. » — Pendant de longues années cependant on la retint loin de ces cloîtres où toute son âme aspirait. Mais l'heure vint où il fut impossible de retarder plus longtemps la décision suprême. Il y avait dix-huit ans qu'elle était à la Cour, dix-huit ans qu'elle était certaine de l'appel de Dieu, et l'on n'avait pas encore osé porter la question au roi. Enfin, le saint archevêque de Paris, Mgr de Beaumont, comprit la mission qui lui incombait : il alla trouver Louis XV. A la révélation qui lui fut faite, le roi, nous dit-on, pâlit affreusement et recula de deux pas ; puis il appuya sa tête sur un fauteuil et se mit à sangloter. C'est que sa fille Louise, il le sentait bien, l'aimait plus et autrement qu'aucun de ceux qui l'entouraient. Sans se rendre bien compte de tout ce qui se passait au cœur de son enfant, il se sentait enveloppé de sa tendresse et comme gardé par elle en sécurité ; elle partie, qu'allait-il devenir ?... Pourtant, comme c'était un être de foi malgré les errements de sa vie, il dit simplement : « Si Dieu le veut, je ne puis m'y refuser, vous me donnerez bien quinze jours, n'est-ce pas, pour y réfléchir ? » Et, pendant ces quinze jours, le roi ne dit pas un mot à son enfant. Seulement, tous les soirs, au moment de la quitter, il la regardait longtemps, et ses yeux étaient pleins de tristesse, mais pleins d'affection aussi. Pendant tout ce temps, comme s'il eût été jaloux d'élever son âme à la hauteur de l'héroïsme de son enfant, aucun des siens ne put soupçonner les déchirements de son cœur. Le quinzième jour, Madame Louise de France recevait la promesse écrite de son père de la laisser entrer au Carmel quand elle le voudrait, et deux mois après, elle était là, à Saint-Denis.

C'était le Carmel le plus pauvre qu'il y eût
en France. Vous me laisserez bien dire
cela, mes Révérendes Mères. Oui, ce fut
une grande grâce pour la fille de nos rois
que de venir ainsi prendre place humble-
ment parmi vous, mais ce fut aussi le
salut de votre maison. Les huissiers avaient
passé, ils avaient tout saisi; Saint-Denis
n'était plus appelé dans votre ordre que
la Trappe du Carmel, tant la pauvreté y était
profonde.

Je passe, mes Frères, rapidement sur les
émotions de l'entrée et les fêtes splendides
de la prise d'habit pour essayer de vous
dire ce que Madame Louise va être comme
religieuse.

*
* *
*

Une religieuse, vous faites-vous bien
l'idée de ce que c'est? — C'est un être qui
s'est recueilli aux pieds du Christ, qui l'a

vu passer, victime permanente, en offrande
à son Père pour toute la race humaine, qui
l'a vu surtout à l'heure suprême où il a dit
tout ce qu'il portait dans l'âme pour nous,
qui l'a vu à sa croix, broyé en son âme,
broyé en son cœur et en son corps, et devant
tout ce sang qui coule, devant tout ce bri-
sement du cœur et de l'âme, voulant comprendre, cet être a vu qu'il y avait entre
Dieu et la race humaine tout un grand
débat : il y avait, du côté de Dieu, un
amour sans fond, un amour qui l'avait
amené à cette race que nous sommes
avec un besoin passionné de tout béatifier
en elle, un besoin passionné de nous as-
socier à sa vie à Lui, aux splendeurs intel-
lectuelles de sa vision, aux béatitudes
profondes de son cœur; c'était sa vie
même qu'il avait assignée comme but à
tous nos efforts. Et, en regard de cette
volonté de Dieu, il y a la volonté des
hommes qui s'est déprise de ces grandes
choses; il y a la volonté des hommes qui
s'est repliée du côté de la terre, qui s'y

est comme ensevelie. Mais Dieu n'a pas pris son parti de nos défaites et de nos révoltes. Dieu a continué de nous aimer quand même; il nous aime comme le père du prodigue, dont il a parlé lui-même en son Évangile; il nous aime sans mesure; il nous aime quoi que nous ayons pu dire ou quoi que nous ayons pu faire. Tant qu'un être humain est sur terre, il est sous le coup des miséricordes actives et sauvantes de Dieu. Entre Dieu et lui, il y a toute la croix du Christ; il y a ce cri puissant qui monte du cœur du Christ à son Père, et qui lui dit : « Mon Père, quand même, quand même, ayez pitié d'eux; quand même, aimez-les! » Et alors il y a des âmes qui comprennent que pour elles le grand œuvre de la vie c'est de se racheter et, comme le Christ, de racheter toutes les autres âmes autour de soi; qui comprennent qu'avant tout c'est au Christ Jésus en expiation et en oblation permanente pour tous et chacun qu'il faut communier; cette expiation, il faut qu'on la fasse péné-

trer en soi; il faut que, par toute l'âme, par
tout le cœur, par toutes les puissances du
corps aussi, on soit saisi, il faut que la
croix s'abatte là et qu'on la porte joyeuse,
et que les épaules ne fléchissent pas, et
que, sous la clarté intérieure qui montre
que c'est l'œuvre des œuvres, cette croix
portée ainsi, c'est l'œuvre de rachat, l'œuvre
de triomphe, l'œuvre de gloire s'il en fut,
on se dresse avec des énergies superbes,
que rien ne brisera, et l'on s'en aille où
Dieu nous attend. N'est-il pas vrai qu'au
fond c'est ce que vous attendez des religieux? N'est-il pas vrai que, pour vous, ce
sont des êtres à part, et que si, parfois,
vous les voyez passer devant vous comme
des cadavres d'où l'âme s'est retirée, où la
passion du sacrifice ne vit plus, vous ne
comprenez plus ces êtres qui ne signifient
plus rien et, instinctivement, vous attendez
le coup de balai qui en débarrassera le
monde? Mais quand vous êtes devant le
vrai religieux, d'où que vous veniez,
quoi que vous ayez fait de votre vie, vous

êtes émus profondément. Les sincérités natives que Dieu avait mises en vous vous avertissent pour une seconde au moins qu'il faut vous recueillir et que ce sera pour vous un honneur de comprendre. — Donc une religieuse doit être une sacrifiée, un être qui vit d'immolation comme Jésus-Christ lui-même en a vécu.

Et comment ce sacrifice s'accomplira-t-il ? C'est bien simple : par l'obéissance. Il y a, dans les couvents, une règle, une règle qui saisit toute la vie et devant laquelle il n'y a qu'à s'incliner ; s'il y a des points où la règle écrite est muette, n'a pas parlé à temps, il y a une règle parlée, incarnée dans une prieure, et, la prieure formulant, cela devient sacré comme la loi écrite : c'est la *volonté de Dieu* qui nous a été exprimée. La règle, au fond, mes Frères, elle est née, dans l'âme des fondateurs, des grands patriarches, d'un saint Dominique, d'une sainte Thérèse, elle est née d'une inspiration directe de Dieu ;

elle est née des grands éveils de ces âmes sous la grâce divine, et de la grande sincérité qu'elles apportaient à y répondre. La règle, c'est ce que toutes les âmes saintes, le long des siècles, ont transmis à ceux qui venaient leur survivre. La règle, encore une fois, c'est positivement la volonté de Dieu. C'est pour cela que, dans les couvents, les religieux qui méritent ce nom sont, devant leur règle, comme un chrétien, qui mérite ce nom aussi, est devant le Livre Saint. C'est bien l'esprit de Dieu qui parle, et l'on ne fait pas de distinction entre les grandes choses et les petites choses. Il n'y a rien de petit, parce que c'est Dieu qui parle et que, quand Dieu parle, c'est pour faire de la vie, c'est pour accroître le flot de vie en l'âme. Par conséquent, choses petites ou choses grandes, c'est une source de vie qui est là tout près de nous, et à laquelle il nous faut communier. Qui vous dira, mes Frères, la passion de la mère

Thérèse de Saint-Augustin (c'est bien ainsi qu'il faut l'appeler désormais) pour la règle du Carmel? avec quel entrain, quelle gaieté vaillante aussi elle s'est jetée comme à plein collier dans cette règle ! Il y eut, au commencement, tant il y avait d'écart, même pour les religieuses habituées à toutes les miséricordes de Dieu, entre sa vie d'hier et sa vie d'aujourd'hui, il y eut comme une sorte de conjuration dans le couvent pour lui masquer telle ou telle observance, mais elle devina bien ce qu'on lui cachait. Elle était venue pour être Carmélite et pour l'être en tout. C'est l'un des mots qu'elle aimera le plus à répéter aux âmes qui plus tard lui seront confiées : « Il faut être Carmélite en tout. » C'est pour cela que, ne sachant pas bien si elle avait tout deviné, elle supplia la prieure de lui donner ce qu'on appelle, au Carmel, un ange, une sœur chargée de l'initier, chargée de lui apprendre tous les détails de cette vie de sacrifice; et alors commença entre elle et la mère Julie de Mac-Mahon, une intimité comme il devrait y en avoir toujours entre des âmes chrétiennes, une intimité où l'on n'hésita jamais à se dire mutuellement la vérité. Elle fut implacable, la mère Julie, mais comme on l'en remerciait ! et comme elles s'aimèrent toutes deux ! Lorsque la mère Julie, devenue prieure, mourait, deux ans avant la mère Thérèse de Saint-Augustin, devant cette amie de la première heure, en pleine sérénité, en pleine action de grâce à Dieu, il y eut pourtant comme une sorte de déchirement douloureux au cœur de la mourante : « Il m'a fallu une demi-heure, dit-elle, pour faire mon sacrifice. » Et la mère Louise de France, qui lui succéda comme prieure, disait : « Il lui a fallu une demi-heure à elle, et, à moi, il me faudra ma vie tout entière. »

Elle fut donc passionnée pour toutes les observances et surtout pour les plus humbles : balayer un corridor, allumer les lampes, sonner les cloches pour appeler au chœur, aider aux travaux de la cuisine. Vous savez tous l'histoire de la robe rose si imprudemment compromise. Un jour (elle avait si peu mis les pieds dans les cuisines de Versailles !), elle voulut accompagner les sœurs et travailler avec elles. Chacune eut vite fait son lot; il ne restait qu'un chaudron tout noir au dehors, comme tous les chaudrons du monde, et, ne sachant pas comment on s'y prenait, la postulante, car elle était postulante encore, puisqu'elle était en robe de taffetas rose, se jeta à l'action avec une énergie telle qu'elle ne vit pas qu'au bout d'un certain temps d'efforts, si le chaudron, éblouissant au dedans, était resté noir au dehors, la robe, hélas ! n'était plus rose ! On a gardé, mes Frères, cette robe comme une relique ; on a bien fait.

Elle eut donc le goût de l'humilité, le goût des petites observances. Elle eut aussi la passion des grandes. Elle voulut que son lit fût sévère comme la pauvre couche des autres sœurs; elle voulut connaître toutes les austérités de la table du Carmel, et avec quel entrain et quel héroïsme! Sur ce point, on l'avait trouvée difficile à la Cour : « Il n'était pas commode de la contenter, » disaient ses gens. Quand elle fut Carmélite, il devint habituel dans la maison de Saint-Denis, — je ne puis pas vous dire sur quels faits cela s'appuyait, je craindrais d'effrayer non seulement vos oreilles, mais vos goûts les plus délicats; ce qu'elle fit de sacrifices sur ce point est vraiment incroyable, — il devint habituel de dire, quand on se trouvait en face de quelque chose de particulièrement mauvais : « Oh! la mère Thérèse de Saint-Augustin elle-même n'en pourrait pas manger! » — Il y avait un point, mes Frères, où ses forces physiques succombaient à la tâche. Il est de coutume, au Carmel, de faire son oraison à genoux, longtemps, sans appui, et cette poitrine faible que je vous ai dite faisait que la pauvre novice défaillait sous cette longue prolongation de la prière à genoux. Ne croyez pas qu'elle va céder. Elle est venue au Carmel, elle a cru à la vertu de Dieu : c'est donc affaire à Dieu maintenant ; et, bravement, elle fait une neuvaine, elle somme Dieu, en quelque sorte, de tenir sa parole, puisque, elle, elle a tenu la sienne, puisqu'elle a répondu à ce qui lui était demandé ; et, chose étrange, jusqu'à sa mort, elle put, à partir de la fin de sa neuvaine, faire son oraison à genoux sans jamais en souffrir..., du moins elle le disait.

A côté de ces pénitences de la règle, elle en voulut d'autres encore. Elle était de ces braves cœurs qui savent qu'il faut vouloir au delà si l'on veut atteindre le but. Dans un coin du Monastère de Saint-Denis, on voyait après sa mort une chambre dont les murs étaient tout teints de sang. C'était le sang qu'elle s'était arraché des épaules par des disciplines impitoyables. — Pourquoi, me direz-vous, ce sang versé ? — Eh ! pourquoi, vous dirai-je, le sang du Calvaire? Comment! ne sentez-vous pas que cette âme-là n'oublie rien? ne sentez-vous pas que, du fond de sa cellule, elle pense à celui qui est là-bas, et qui fait pleurer les anges de Dieu? ne sentez-vous pas que sa pensée enveloppe et Versailles entier, et la France entière, qui meurt, en ce moment, parce que la foi s'est retirée d'elle, parce qu'il y a nombre de cœurs qui ont apostasié, nombre de volontés qui ont tout trahi! Elle n'en prend pas son parti, cette fille de France, et comme jadis ses aïeux s'é-taient jetés sur tous les champs de bataille, l'épée au poing, afin de maintenir haut et ferme l'honneur et la gloire de la France, pour la faire glorieuse entre toutes, cette France tant aimée, elle aussi, sur ce champ de bataille mystérieux où, au fond, ce sont nos destinées qui s'agitent bien plus que dans la mêlée des combats, elle sera là, à côté du Maître divin, ré-pondant au sang par le sang, aux cris de

son cœur par des cris semblables, aimant
avec la même passion, aimant avec le même
besoin de sacrifice, se reposant dans le
sacrifice comme le Maître divin s'y était
reposé

Et qui peut la soutenir dans cet héroïsme? Ah! mes Frères, nous voici en
face du Saint des Saints. Ce qui soutient la
Carmélite en cette vie d'immolation, c'est
ce don suprême qui semble être, depuis
que sainte Thérèse nous a raconté sa vie
intime, le don particulier de Dieu sur les
Filles du Carmel : c'est le don d'oraison.
L'oraison! rien ne grandit, rien ne s'affer-
mit dans l'âme que par elle : c'est elle qui
nous arme de sincérité contre nous-mêmes,
et qui crée en nous peu à peu le goût, la
passion des choses de Dieu. « Il faut prier
sans cesse, » a dit Notre-Seigneur. Il ne
s'agit pas seulement de la prière vocale
se traduisant en formules toujours les
mêmes. Il s'agit de la prière intérieure, de
la prière de contemplation qui tient l'âme
aux pieds du Christ, recueillie, pleine de

foi, tout affamée de comprendre. Ce fut la prière incessante, mais pour Lui dans la pleine vision, du Christ Jésus à son Père. Grâce aux clartés faites par lui, c'est devenu la prière des saints. C'est en elle que l'Évangile résume toute l'âme de la Mère du Christ; c'est elle qu'ont connue les apôtres; c'est elle que tout le long des siècles ont faite tous les saints. Au commencement l'âme ne sait comment prier, « *nam quid oremus sicut oportet nescimus*[1] », — puis peu à peu l'esprit du Christ la pénètre, l'illumine intérieurement, l'emmène en ces profondeurs où l'on salue tout ce dont Jésus-Christ a parlé : Dieu Père, Dieu Verbe, Dieu Esprit, — où l'on salue le Dieu qui a créé les mondes et qui les gouverne, le Dieu qui a aimé jusqu'à s'incarner; où on le voit, comme saint Jean, passer dans la « plénitude de grâce et de vérité », passer dans la « gloire de l'unique engendré du Père ». Et, de

______

1. *Sancti Pauli ad Rom.*, VIII, 26.

peur que le vertige ne prenne à ces hauteurs mystérieuses, nous trouvons tout près de nous le contrôle vivant de toutes ces gloires dans les créations réalisées en l'âme des saints. Portée ainsi par ces révélations profondes du Christ, et par les réalités surhumaines qui les incarnent en quelque sorte sous nos regards, l'âme se sent comme soulevée au-dessus d'elle-même, entre en cette passion pour la gloire de Dieu et le salut de tous qui fut celle du Christ, et, comme conséquence, elle bénit la loi d'expiation tant redoutée jusque-là, et s'y tient inébranlable et ferme jusqu'à l'héroïsme, ainsi que je vous ai montré tout à l'heure la mère Thérèse de Saint-Augustin.

*
* *
*

Au bout de dix-huit mois de cette vie, elle prononçait ses vœux perpétuels, et le

lendemain elle était nommée Maîtresse des
novices. Pourquoi si tôt, me direz-vous?
A peine formée et déjà mise en demeure
de former les autres! Croyez-vous, mes
Frères, que, dans une communauté, on ne
sache pas que la formation des novices est
la chose grave entre toutes? Songez bien
que c'est tout l'avenir qui est là. Cette
tradition reçue de l'âme de Thérèse et
des saintes qui l'ont continuée, il faut
qu'elle passe toute vive en l'âme de ces
nouvelles venues; il faut qu'elle soit comprise en son intégrité et acceptée aussi
en son intégrité. Il semblerait donc qu'on
eût mieux fait de choisir une des mères
les plus anciennes. Celle qu'il fallait choisir, mes Frères, c'était l'âme la mieux pré-
parée par la grâce et la vertu de Dieu.
Eh bien, il y a depuis longtemps une
préparation toute spéciale dans l'âme de
la mère Thérèse de Saint-Augustin. Elle
a le don, si rare, de discerner les esprits,
le don de comprendre tout ce que porte tel
ou tel être qui passe près d'elle. A la

Cour, elle faisait déjà cette prière à
Dieu : « Donnez-moi, ô mon Dieu, l'art d'é-
» tudier les caractères, de les connaître,
» de peur d'irriter le mal en voulant le
» guérir. » Il faut, en effet, à quiconque
veut agir sur autrui, ce don, sans lequel
on ne fait rien de bon : il faut savoir
lire en une âme tout ce qu'elle porte de
possibilités pour le bien; sinon on marche
à tâtons : c'est l'aveugle qui conduit un
aveugle..., à quoi voulez-vous qu'on abou-
tisse? Quand une novice arrive, peu importe
d'où elle vient; il importe peu qu'elle ait
un grand nom, une grande fortune, ou
qu'elle soit patronnée par les puissants de
la terre? Avant tout, il faut qu'elle puisse
s'encadrer dans le milieu qui est là, qu'elle
veut faire sien; il faut que, demain, son
âme s'harmonise avec les autres. Eût-elle
tous les dons, tous les talents du monde,
si, quand elle sera mise en contact, il n'y
a qu'opposition et difficultés entre elle et
ses sœurs, évidemment, elle n'a rien à faire
en un tel milieu. Par contre, si, malgré ces

blessures trop réelles que l'égoïsme ou l'amour-propre nous font, sa nature promet, à un moment donné, de se discipliner, de se laisser saisir, de se fondre, en quelque sorte, harmoniquement avec les âmes près desquelles elle entend passer sa vie, il faut lui donner crédit; c'est bien Dieu qui l'envoie. La première qualité d'une maîtresse des novices est donc de savoir discerner qui doit venir et qui ne doit pas venir, qui doit être gardée et qui doit être rejetée. Eh bien, c'est là précisément le don que les mères du Carmel de Saint-Denis avaient remarqué en l'âme de la nouvelle professe.

La postulante acceptée, quelle sera l'action d'une maîtresse des novices?

Avant tout, il faut maintenir... maintenir le feu sacré, faire que la tradition des saints ne périclite pas; faire, si c'est possible, qu'elle grandisse encore sous la poussée de la grâce divine, d'une part, et sous l'exemple splendide, entraînant des grandes âmes qui, depuis des siècles, ont

vécu sous la même règle. Assurément,
sur ce point, le rôle de la maîtresse des
novices est capital. Tout groupe humain
subit la forme de celui qui le gouverne.
Un régiment, par exemple, vaudra toujours ce que vaut son chef; si le chef a
l'âme haute, le cœur grand, s'il connaît
bien la valeur propre de son arme, les
coups redoutables que, le moment venu,
elle peut frapper, s'il connaît la tradition
et la veut respectée; surtout s'il croit à
ses hommes, à ce que chacun d'eux peut
réaliser de courage, de discipline, d'héroïsme au besoin, si toute son action tend
à ce but, il se fait entre son âme et l'âme
de tous je ne sais quelle communion profonde; sa foi les pénètre, le feu sacré
court de son cœur à leur cœur, et bientôt
toute cette masse d'hommes, hier incon-
sciente de tant de grandes choses, se
trouve debout pour l'action et prête à tout
ce qu'on lui demandera. Eh bien! mes
Frères, un couvent du Carmel, c'est quelque
chose de semblable : c'est un ensemble

d'âmes appelées des quatre coins de l'horizon par Dieu pour faire aussi de grandes et vaillantes choses; Dieu les veut héroïques; il les veut saintes; il veut que tout en elles soit pénétré de sa vertu et que lorsqu'on les approche on soit ému comme si lui-même passait visiblement. Quelle responsabilité formidable pour celle qui va présider à la formation des nouvelles recrues! Il y a tant de sève en ces jeunes âmes, tant d'élan, un si profond besoin de crier leur merci à Dieu, comme un souffle héroïque qui rend tout facile. Ah! ces premiers enthousiasmes, c'est eux qui donnent leur empreinte au reste de la vie; jusqu'aux dernières heures, on en garde le rayonnement en toute son âme. Eh bien, c'est tout cela qui est confié à la maîtresse des novices. Il faut jeter ces âmes à l'action généreuse, passionnée, mais en même temps, il faut leur apprendre la mesure, cette condition première des choses qui veulent durer. Quel jugement ferme et quelle âme ardente cela suppose! Quelle netteté, quelle vaillance d'allures, et aussi quelle prudence achevée! C'est par l'exemple d'abord, c'est en payant de sa personne qu'il lui faut exercer son action. A elle d'incarner la règle dans toute sa rigueur et de passer devant ses filles la première en toutes choses, la première à l'office, à l'oraison, aux pénitences, au travail, au dévouement pour ses sœurs, la première en ce besoin de couvrir le monde de sa prière et de ses sacrifices qui est la passion maîtresse du Carmel. Or, c'est bien ce que fut toujours la mère Thérèse de Saint-Augustin. Son rêve était de faire oublier qu'elle était fille du roi; mais, malgré elle, elle s'en souvenait et c'était royalement qu'elle menait sa vie de Carmélite, vaillante, sincère, la première en tout.

Il faut encore à une maîtresse des novices ce je ne sais quoi qui ouvre les âmes; ce don de franchise, je dirai, qui fait qu'on vient à vous en sécurité, que l'âme s'ouvre comme tout spontanément, sûre d'être comprise, et sûre que le mot qui va venir

sera un mot ami, un mot qui portera du
secours, un mot qui fera de la vie. Ce don,
elle l'avait à un degré merveilleux. Elle
avait le don d'entendre et le don non
moins grand de parler. Aussi ses novices
l'aimaient-elles profondément, et toutes
avaient une confiance absolue, filiale vis-
à-vis d'elle. Et comment ne l'eussent-elles
pas aimée ? A côté de sa vigueur elle avait
des tendresses si maternelles ! Quand
elles étaient malades, tout le temps libre
de ses journées leur était consacré ; à cinq
ou six reprises, on la voyait venir à l'infir-
merie, réclamant comme un bénéfice de sa
situation le droit de leur donner ses soins.
La nuit la retrouvait près d'elles encore.
Dans l'hiver, Dieu sait si elle souffrait du
froid elle-même dans ces cellules du Carmel
qui n'ont jamais vu de feu ! (Il y a une
lettre où elle raconte ce que fut cette
épreuve pour elle, ce que ses pauvres
mains crevassées la faisaient souffrir, et,
bien qu'elle en sourie, cela fait vraiment
pitié !) Elle se levait la nuit et elle allait

voir si ses chères novices étaient suffi-
samment couvertes et, comme une mère,
elle bordait elle-même leur lit. Oui, vaillante au sacrifice et voulant que ses filles
en comprissent la beauté, mais maternelle
aussi, mais aimante comme les grands et
braves cœurs savent aimer !

Elle avait enfin ce qui achève tout, je
dirai, dans l'âme d'une maîtresse des novices : elle avait le sens des miséricordes
de Dieu. Mes Frères, quand on arrive du
monde, on porte en soi des énergies, des
richesses d'âme, une sève étrange qui ne
demande qu'à s'activer sous toutes les
formes où Dieu le voudra, mais il y a
toujours un écart entre ce que l'on fait et
ce que l'on aspirait à faire, et, parfois, la
pensée retombe sur elle-même, comme
angoissée devant le peu de résultats obte-
nus, et, peu à peu, il y a comme une sorte
d'inquiétude qui prend l'âme ; on dirait que
la peur de Dieu la menace ; on dirait que
ces êtres qui se sont levés pour être tout à
lui, au lieu de s'épanouir dans la confiance,

dans l'abandon filial, vont, tout à coup, vivre sous les angoisses où les coupables eux-mêmes ne sont pas toujours. Parfois aussi le passé se dresse, peu grave en soi peut-être, mais, sous l'émotion de l'âme, tout prend des proportions énormes, presque tragiques. Que vont-elles devenir? qui va leur dire le mot dont elles ont besoin? qui va leur rendre la paix? L'amour, la miséricorde infinie de Dieu, c'est la science des sciences pour tout chrétien, nous dit saint Paul; pour une maîtresse des novices, c'est la science indispensable. Il faut qu'elle la possède assez pour en parler avec cet accent qui *crée* dans l'âme de ceux qui entendent..., oui, il faut les pétrir ces jeunes âmes de cette idée, de cette idée vécue, expérimentée longuement, que Dieu est un être bon; que Dieu est plein de paternité; que Dieu avant tout est un être qui aime et ne sait qu'aimer. Il faut leur montrer que ce qui fait leur angoisse est précisément le signe que Dieu est à l'action en elles. S'il n'y avait pas ces rêves superbes, ces éveils plus généreux d'une âme qui entend habiter les hauteurs et s'y fixer, elles s'endormiraient dans les défaillances qu'elles déplorent, et tout serait dit. C'est précisément parce que Dieu est déjà à l'œuvre, c'est parce qu'il les tient tout entières, c'est parce que, jour par jour, les transformations commencées vont s'achevant et se consommant, c'est pour cela qu'elles souffrent. Mais si on ne le leur dit pas; si on les laisse dans les demi-ténèbres qui les tiennent, que vont-elles devenir? Peut-être, car enfin elles ont vingt ans, ces enfants, peut-être l'âme va-t-elle fléchir sous l'épreuve; peut-être la volonté va-t-elle désespérer, peut-être va-t-on se reprendre et s'en retourner à ce qu'on avait quitté! Mes Frères, quand une maîtresse des novices tient son âme à la hauteur de l'œuvre qui lui est confiée, de telles choses n'arrivent jamais! Eh bien, cela n'arriva jamais sous la direction de la maîtresse des novices Thérèse de Saint-Augustin.

Aussi quelles joies en son âme quand son-

nait l'heure de la « veillée des armes », cette
dernière nuit qu'il est de coutume au
Carmel de passer en adoration au pied du
Tabernacle à la veille de la profession.
Même malade, elle ne voulut jamais céder à
personne l'honneur d'assister ses filles bien-
aimées. Qui mieux qu'elle eût pu se faire
leur témoin près du Divin fiancé ?

*
* *

Il y avait deux ans qu'elle était maîtresse
des novices, deux ans qu'elle révélait les
qualités maîtresses de ceux qui sont nés
pour commander, quand, par un vote una-
nime des sœurs, elle fut élue Prieure du
Carmel de Saint-Denis.

Que faut-il pour être prieure ? Il faut savoir commander, mes Frères, tout simplement. Cela paraît facile : de nos jours, tout
le monde est prêt à prendre le gouvernement, soit du pays, soit d'un groupe

quelconque. Nous n'avons jamais eu tant de gouvernants disponibles, et nous n'avons peut-être jamais vu non plus au pouvoir tant d'inconscients. C'est que le don de commander est un don rare entre tous. Cela ne dépend pas d'un vote de majorité pas plus que d'un décret bien en règle ; cela naît de la personnalité même qu'on incarne en soi ; cela tient à l'âme qu'on porte en soi. Pour commander, il faut d'abord une volonté maitresse d'elle-même, une volonté qui n'ait pas peur de l'obstacle, qui ne s'en émeuve pas, qui ne tremble pas sous l'assaut de l'ennemi ; il faut une volonté qui ne prenne pas son parti des défaillances survenues autour d'elle, qui entre en action de suite, afin de relever et de maintenir haut les cœurs, une volonté si puissante qu'elle n'ait pas besoin de se formuler en quelque sorte ; tous la devinent, et s'appuient sur elle. Un supérieur qui aurait besoin de parler beaucoup serait perdu. Il faut donc de la volonté, mais il faut que cette volonté soit gouvernée par une intelligence élevée.

Songez bien que les âmes ne sont venues
là que parce que la grâce du Christ les a
visitées. C'est dans un cadre surnaturel que
l'on s'active. Si riche s'est faite la bénédiction de Dieu qu'il faut que ce soit comme
en plein ciel que toute la vie se déroule. Il
faut, par conséquent, que toute action de
celui qui commande fasse souvenir de la
grâce et de la miséricorde de Dieu qui est
sur chacun, et demande à chacun de répondre autant qu'il lui a été donné. Si vous
ne savez pas cela, si vous n'avez pas le
courage de vous maintenir à ces hauteurs,
que sera votre gouvernement? Vous me
direz : j'attends que les bonnes volontés,
auxquelles je crois, s'éveillent autour de
moi. — Vous attendez que les bonnes
volontés s'éveillent? Vous attendez qu'elles
ne fléchissent pas? — Mais si elles fléchissent? ou si elles ne s'éveillent pas?...
Est-ce que le pouvoir vous est confié pour
que vous vous croisiez les bras et attendiez?
Est-ce que vous ne sentez pas qu'il faut
être à l'action toujours et faire comprendre,

autour de vous, que vous ne laisserez rien diminuer, rien abaisser de la grande et sainte tradition que vous avez reçue et que vous avez mission de garder intacte?

Mais en même temps que cette intelligence du cadre surnaturel où se meuvent les âmes qui lui sont confiées, et la volonté absolue de les y maintenir, il faut au Supérieur une charité profonde, cette charité des Saints, puisée au cœur de Dieu, qui ne veut pas de la défaillance, et qui, pourtant, a des façons de le dire qui ne sont ni brusques, ni violentes, ni inopportunes; une charité qui ne secoue jamais les pauvres amours-propres en souffrance; qui arrive pleine de compatissance, comme fut Jésus-Christ lui-même; qui arrive pleine de bonté, pleine de tendresse maternelle, qui aborde les âmes avec respect et leur montre qu'avant tout, ce qui fait agir, c'est la foi qu'on a en elles, c'est la foi en la miséricorde de Dieu qui est sur elles, c'est pour les grandir, c'est pour les maintenir en la

grâce qui leur fut faite, c'est parce qu'on
les aime qu'on veut tant de choses d'elles.
Ah! même au fond des couvents, sait-on
toujours vouloir, penser, aimer ainsi?... Il
faut que cette charité soit mêlée d'un
peu de patience et sache donner parfois
un peu crédit à certaines natures qui ne
sont pas encore assez conscientes d'elles-
mêmes, tout en étant marquées du sceau
des grandes âmes et des âmes saintes.
Vous savez, cette novice dont on venait
dire à la mère Thérèse de Saint-Augustin :
« Voyez donc comme elle est légère, comme
elle comprend peu la gravité de ses man-
quements à la Règle. » Et la mère Thérèse répondait : « Laissez, laissez, c'est
un papillon du bon Dieu. Quand il aura
brûlé ses ailes au feu sacré de la Charité
divine, vous verrez. » Et, en effet, ce
fut l'une des grandes religieuses de son
temps. La Mère avait pressenti la race
des grandes âmes en cette âme incon-
sciente encore, et qui, demain, devait tant
donner à Dieu. Il faut donc ces patiences,

mais des patiences qui ne soient jamais
une trahison. Il faut enfin, je dirai, quelque
chose de plus et qui achève tout en l'âme
des supérieurs ; il faut du désintéresse-
ment. Les désintéressés font de nous ce
qu'ils veulent. L'honneur de Dieu et la
passion des âmes les tient tout entiers;
comment résister à ce qui vient de si
haut? Ce jour-là, on peut bien dire que
tout est consommé dans la vertu de Dieu ;
on peut bien dire : Heureuse et trois fois
heureuse la communauté qui a trouvé une
âme de cette trempe pour la mettre à sa
tête ! — Or, c'est bien une âme semblable
que les mères du Carmel mirent à leur tête
en nommant la mère Thérèse de Saint-
Augustin. Toutes ces conditions du pouvoir, c'est en lisant sa vie que je les ai
formulées l'une après l'autre. Aussi, jamais
peut-être il n'y eut, en aucun couvent, des
heures plus belles que celles que connut
alors la communauté de Saint-Denis; jamais la passion de la Règle, jamais le
culte du silence, de l'oraison, de la vie

austère, de la charité mutuelle, jamais le besoin de prier, de souffrir et de couvrir le monde par ce zèle apostolique dévorant que voulait sainte Thérèse en ses filles, jamais tout cela n'éclata plus puissant, plus souverain en un couvent du Carmel qu'en celui de Saint-Denis, au temps de la mère Thérèse de Saint-Augustin. Elle fut naturellement maintenue en charge à la fin de ses trois ans. Je ne vous ferai pas l'histoire de ce second priorat : ce fut toujours la même netteté d'action et de direction, et ce furent toujours en toutes les âmes les mêmes vertus. Au bout de six ans, on voulait la renommer encore. On parlait d'aller au Pape et d'en obtenir un bref qui suspendît, sa vie durant, le point de la constitution du Carmel qui ne veut pas de ces réélections sans fin. Elle était venue pour être « Carmélite en tout »; elle leur dit avec un accent qui les arrêta : « Si » vous faites cela, j'irai prier Dieu de me » faire mourir, car je ne veux pas qu'à

» mon sujet une seule de nos règles soit
» atteinte; je ne veux ni d'un tel préju-
» dice pour la communauté, ni d'un
» tel scandale pour le public. » Et
c'était si vrai, ce cri de son âme,
ce besoin de rentrer dans le rang,
ce besoin d'être ce que la règle du Carmel voulait, que les sœurs comprirent
et lui donnèrent une remplaçante. Ce fut
son autre elle-même, la mère Julie de
Mac-Mahon qui fut élue. Mais elle ne
cessa pas pour cela d'agir pour le bien
de son ordre autour d'elle. A ce moment,
une grande crise s'ouvrait pour les Carmels de Flandre; une persécution semblable à celle que nous avons dû subir il y
a quelques années allait s'abattre sur eux.
De par l'empereur d'Autriche, ordre fut
donné de fermer tous les couvents cloî-
trés. Alors la mère Thérèse de Saint-Augustin, sachant ce que c'est que de s'être
donnée à Dieu, comprenant que « quand
on s'est fait moine, on s'est fait moine
jusqu'au cou, » comme le disait le Père

Lacordaire, et comme l'ont toujours dit les
âmes de saints ; que, quand on s'est fiancée
au Christ Jésus, quand on s'est donnée à
lui, c'est jusqu'à la mort et jusqu'à l'éternité, se dit : avant tout, ce qu'il faut
trouver pour ces âmes qui vont connaître
cette grande douleur, c'est une maison
du Carmel qui s'ouvre et les recueille.
Elle offrit de nombreuses places en son
Carmel de Saint-Denis et créa des pensions
en d'autres Carmels de France pour que
les persécutées pussent s'y réfugier. Certaines sœurs de Flandre n'eurent pas le
courage de sacrifier ainsi, non seulement
leur famille déjà quittée, mais leur patrie.
Peut-être, mes Frères, ces âmes-là con-
nurent-elles ce que certains ont connu en
ces dernières années ; les portes du couvent étant brisées, pourquoi, pourquoi ne
pas se laisser reprendre par la famille,
par les amis, par ces lignes de vie, oh !
qui seront graves toujours, mais enfin où
il y aura peut-être un peu plus de repos
humain, où il n'y aura plus cette pression

incessante de la règle écrite ou de la
règle parlée ? Devant ces défaillances, mes
Frères, devant ces trahisons du Christ, il
faut bien appeler les choses par leur nom,
la mère Thérèse de Saint-Augustin n'en put
prendre son parti, et je ne crois pas qu'il y
ait jamais eu douleur plus vive en son âme
que celle qu'elle connut pendant ces longs
mois ; et, pour la comprendre, je fais
appel à un souvenir personnel. Je me rap-
pelle qu'en 1861, quelques mois avant sa
mort, nous vîmes un jour arriver au noviciat
le Père Lacordaire. Il nous réunit au chapitre et il commença son discours ainsi,
avec un accent de gravité saisissante :
« Deux amours ont bâti deux cités : l'a-
mour de la terre, la cité de la terre ;
l'amour du Christ, la cité d'en haut. » Et
alors il nous dit ce qui venait de se passer en nos rangs : un religieux s'était
repris, était parti, oh ! mon Dieu, pour mener une vie honnête de prêtre, mais
enfin il avait fléchi ; il était rentré dans ce
monde qu'il avait quitté depuis plusieurs

années ; il était parti comme inconscient de ce qu'il accomplissait là ! Et l'âme du Père Lacordaire, secouée par cette trahison envers Celui qui était toute sa passion, eut alors des cris si déchirants, si fiers, je dirai si sauvages de passion divine, que nous en étions tous remués jusqu'au fond, et nos anciens, qui l'avaient entendu jadis à Notre-Dame, nous disaient en sortant : jamais, jamais il n'a eu des accents semblables ! C'est que jamais, mes Frères, jamais son âme n'avait été atteinte à ce degré ; c'est que jamais son cœur n'avait saigné des larmes plus vraies ; c'est que c'était bien le sang du cœur qui coulait à ce moment-là, devant cet être humain glorifié par le Christ, enveloppé de miséricorde par le Christ, pénétré, pétri pendant des années de tout ce que le Christ nous met dans l'âme, et qui ne savait plus comprendre, qui ne comprenait plus que c'est jusqu'à la mort, et jusqu'à l'éternité qu'il faut mener la vie à laquelle le Christ Jésus nous a appelés.

* * *
*

Ce fut pendant son premier priorat
qu'elle reçut de Dieu la grâce que tous
ses sacrifices appelaient et qui devait être
la grande bénédiction et la grande joie
de sa vie. Au mois d'avril 1774, le roi
fut pris d'une fièvre violente. Bientôt tous
les symptômes de la petite vérole écla-
tèrent. Le palais semblait envahi tout
entier par la contagion ; plus de cinquante
personnes furent frappées. Bientôt la situation du roi fut désespérée. C'était la
mort, cette heure, grave entre toutes, où
la miséricorde et la justice se disputent
nos âmes en un combat suprême. Le
roi a pour lui la foi profonde qui lui a
fait élever ses enfants à l'abbaye de Fontevrault afin de les soustraire aux influences
de sa Cour, la foi qui lui a fait consentir au
départ pour le Carmel de la fille aimée entre

toutes, la foi qui lui fit passer depuis quatre ans des heures si émues dans la pauvre cellule de son enfant, la foi qui le faisait naguère descendre de carrosse et suivre à pied un prêtre qui portait à un malade la Sainte Communion. — Mais, il y a dans sa vie tant d'autres heures profanées, tant de scandales, tant de hontes publiques! Et c'est une loi qu'à cette heure suprême on moissonne ce qu'on a semé. On s'est créé un milieu fatal où toutes les âmes sont amoindries, où le sens des choses divines est oblitéré... Qui va parler au moribond? qui va lui dire qu'il est temps? qui va lui parler de Dieu? et, si on lui en parle, qui aura cet accent capable de ressusciter la foi dans le cœur de Dieu? qui fera croire au pardon?

Mes Frères, depuis longtemps la justice de Dieu est tenue en échec et la miséricorde maintenue à l'œuvre vis-à-vis de l'âme du roi. Entre Dieu et lui, il y a le sacrifice de son enfant, il y a la prière, les larmes, le sang de l'humble Carmé-

lite. Prières, et larmes, et sang qu'elle jette
à Dieu, en apprenant la gravité du mal,
avec un emportement si furieux, si passionné que les Sœurs elles-mêmes s'en
effraient. Elle a demandé et obtenu qu'on
exposât le saint Sacrement. Pendant dix
jours, jour et nuit, elle sera là priant, sup-
pliant, ne quittant le pied de l'autel que
pour livrer son corps épuisé à des pénitences formidables. Ses sœurs font inter-
venir le supérieur de la maison. « J'obéirai,
mon Père, s'écrie-t-elle tout en larmes,
mais songez, je vous prie, que le roi se
meurt, songez que je suis venue ici pour
son salut comme pour le mien et dites-
moi si je puis en trop faire pour une âme
qui m'est si chère. » — A ce cri, le supérieur comprend qu'il faut laisser la sainte
victime aux inspirations de l'esprit de Dieu.
Et, le 7 mai, Dieu l'exauçait enfin. Au matin,
le roi dit à ceux qui l'entouraient : « Voici
» trois fois que je demande à me con-
» fesser. Pourquoi le prêtre ne vient-il
» pas? » Il fallut bien laisser pénétrer le

confesseur près du roi. A deux reprises, le malade s'entretint longtemps avec lui; puis, il communia avec une piété profonde, demanda publiquement pardon du scandale causé par lui, et comme on lui remettait un crucifix envoyé par Madame Louise, « Ah! dit-il, je la reconnais bien là, » et il garda le crucifix sur ses lèvres jusqu'au dernier moment.

« Moi Carmélite, et le roi tout à Dieu, » avait-elle dit. C'était réalisé enfin. Dieu avait fait ce miracle de miséricorde et d'amour. Qui dira la joie de Madame Louise? qui dira surtout jamais son merci à Dieu?

* * *

A la mort de la Sœur Julie de Mac-Mahon, les Sœurs de Saint-Denis l'avaient élue Prieure pour la troisième fois. Au lendemain de l'élection, elle entra en re-

traite ; et, là, des pressentiments envahi-
rent son âme ; elle sentit que la mort
était proche, que tout allait bientôt finir
pour elle. Elle sortit de cette retraite,
vaillante et ardente comme toujours ; c'est
à ce moment qu'elle dit ce mot superbe à
une sœur de Flandre qui avait pitié de
sa faiblesse et lui conseillait de se reposer : « Je ne me fatigue plus de rien,
sinon de me reposer. » Mais son âme
semblait pénétrée de je ne sais quelle sérénité qui n'était plus de la terre. On
ne l'approchait plus qu'avec des respects
tout particuliers, comme d'un être excep-
tionnellement beau, mis là par la grâce de
Dieu et qui allait disparaître. Elle tomba
malade, en effet, au bout de quelques
mois, le 21 décembre 1787. Elle ne fut
que deux jours souffrante, et je ne sais rien,
mes Frères, qui puisse mieux traduire
l'émotion que les quelques pages où l'on
raconte sa mort nous font éprouver que la
lecture du XVIIe chapitre de Saint Jean,
ce chant dit par Notre-Seigneur quand il

va mourir lui-même. C'est bien la même adoration calme et tout enveloppée de lumière pour le Père qui est aux cieux; c'est bien la même sécurité, la même confiance filiale en la récompense, en la gloire éternelle qui va être donnée. « Je ne savais pas, dit-elle, qu'il fût si doux de mourir. » Et puis, c'est bien aussi, mes Frères, ce sentiment si profond que tous les versets de ce chapitre contiennent, ce sentiment d'amour pour tous ceux qui ont été mêlés à sa vie. Elle les prit, l'une après l'autre, ses sœurs, comme Jésus-Christ avait pris ses apôtres, et elle priait pour chaque âme, demandant à Dieu la lumière et la force nécessaires pour que chacune fût à lui comme il le voulait. Et elle disait : « Mon Père, faites donc que toutes comprennent et que toutes les âmes soient à la hauteur du sacrifice qui leur est demandé. » Sa sérénité était si profonde, sa communion à Dieu si intense, si vivante, qu'il semblait qu'en une telle heure elle n'eût pas besoin de songer à elle et qu'elle pût ainsi déverser de sa plénitude sur toutes ces âmes qui l'aimaient tant et qui étaient secouées par l'émotion que vous devinez. Jusqu'au dernier moment, elle pria ainsi pour toutes. Le 22, elle ne put descendre de sa cellule. C'était la première fois qu'elle ne communiait pas depuis son entrée au Carmel. Une sœur lui dit : « Pourquoi ne pas vous souvenir que vous êtes princesse de sang royal, et ne pas bénéficier du privilège que vous avez de faire dire la sainte messe dans votre chambre, dans votre cellule ? » — Et la Mère, étonnée qu'on pût avoir le souvenir de son rang dans le monde en un tel moment, répondit : « Oh ! non, vous » savez bien que je suis venue pour être » Carmélite en tout. » Dans la nuit qui suivit, on lui apporta le saint Sacrement, et elle put communier. Elle eut alors de ces effusions profondes, exprimées en quelques mots, mais de ces mots où l'âme tout entière passe et où ce n'est presque plus de la foi, c'est comme de la vision déjà, tant les mots sont riches, tant le cri est vrai,

tant la communion est vivante avec le
Maître qui vient enfin chercher son enfant,
qui vient enfin lui donner la vision du face
à face tant cherchée, tant poursuivie, tant
aimée! Elle mourut peu de temps après,
pendant qu'on récitait près d'elle la passion
de Notre-Seigneur selon saint Jean. Elle
mourut en priant et aimant jusqu'à la fin
comme le Maître divin, lui aussi, était mort
en aimant jusqu'à la fin.

Eh bien, mes Frères, puisque nous sommes réunis ici pour demander une gloire de
plus au front de cette Mère du Carmel, de
cette fille de nos rois qui a été surtout une
fille de sainte Thérèse, voulez-vous que nous
reprenions un des versets du chapitre que
je viens de vous dire, et que nous disions
à Dieu tous et de plein cœur : « O Père,
ô Père, voyez, elle a, comme Jésus-Christ,
elle a fait l'œuvre que vous lui aviez confiée ;
elle a consommé cette œuvre ; voyez, toute
sa vie n'a été qu'un long et vaillant héroïsme ; toute sa vie n'a été qu'une
« louange de gloire », comme le veut saint

Paul, une louange vivante, une adoration, un amour croissant toujours, à vous qu'elle aimait de toute son âme; elle a bien fait l'œuvre que vous lui aviez confiée. Eh bien, maintenant, glorifiez-la, vous, de cette clarté qui est en vous dès l'éternité. Faites que nous puissions l'acclamer comme vos saints et vos anges l'ont acclamée, comme vous surtout vous l'avez accueillie en plein ciel, quand la mort nous l'a enlevée et vous l'a donnée pour l'éternité. O Père et Seigneur, faites que cette gloire suprême qui est aux mains de votre Église, soit déposée par elle au front de cette fille de nos rois. Elle a voulu que, pendant toute sa vie, on oubliât cette gloire humaine...; eh bien, soit, voilez à votre tour, mais dans vos gloires à vous, voilez cette gloire dont elle ne voulait pas, et montrez-la devant nous dans la plénitude de lumière, dans la plénitude de clarté, dans l'auréole divine que vous savez mettre au front de vos saints. Faites que, demain, nous puissions lui dire, non seulement : « Vénérable mère

Thérèse de Saint-Augustin, priez pour nous, » mais : « Bienheureuse Mère » mais : « Sainte Mère, sainte fille de sainte Thérèse, grande comme votre mère, vraie fille de celle qui fut si saintement et si uniquement passionnée pour le Christ, qui, comme elle, avez vécu de cette unique passion, priez pour nous. » Faites, ô Père et Seigneur, que nous puissions lui crier comme l'Église le permettrait, et le voudrait alors, lui crier : « Mère, Mère, ayez pitié de nous ! »

9 782329 224985